Todos a bordo

Los trenes de pasajeros

por Jenna Lee Gleisner

Bullfrog en español

Ideas para padres y maestros

Bullfrog Books permite a los niños practicar la lectura de textos informativos desde el nivel principiante. Las repeticiones, palabras conocidas y descripciones en las imágenes ayudan a los lectores principiantes.

Antes de leer

- Hablen acerca de las fotografías. ¿Qué representan para ellos?
- Consulten juntos el glosario de las fotografías. Lean las palabras y hablen de ellas.

Durante la lectura

- Hojeen el libro y observen las fotografías. Deje que el niño haga preguntas. Muestre las descripciones en las imágenes.
- Léale el libro al niño o deje que él o ella lo lea independientemente.

Después de leer

- Anime al niño para que piense más. Pregúntele: ¿Has viajado alguna vez en un tren o te gustaría?

Bullfrog Books are published by Jump!
5357 Penn Avenue South
Minneapolis, MN 55419
www.jumplibrary.com

Library of Congress Cataloging-in-Publication Data

Names: Gleisner, Jenna Lee, author.
Title: Los trenes de pasajeros
por Jenna Lee Gleisner.
Other titles: Passenger trains. Spanish
Description: Minneapolis, MN: Jump!, Inc., 2020.
Series: Todos a bordo | Includes index.
Audience: Ages 5–8. | Audience: Grades K–1.
Identifiers: LCCN 2019027992 (print)
LCCN 2019027993 (ebook)
ISBN 9781645272540 (hardcover)
ISBN 9781645272557 (ebook)
Subjects: LCSH: Passenger trains
United States—Juvenile literature.
Classification: LCC TF570 .G5418 2010 (print)
LCC TF570 (ebook) | DDC 385/.22—dc23

Editor: Jenna Trnka
Designer: Molly Ballanger
Translator: Annette Granat

Photo Credits: Worldpics/Shutterstock, cover; Thomas Crosley/Shutterstock, 1; Steve Hiscock/Shutterstock, 3; Kaori Ando/Image Source/SuperStock, 4; Ben Cooper/SuperStock, 5; sturti/iStock, 6–7; Yuriy Chertok/Shutterstock, 8, 23tr; Julia Kuznetsova/Shutterstock, 9, 23bm; Caia Images/SuperStock, 10–11, 23tm; Uatp1/Dreamstime, 12–13 (train car); worldclassphoto/Shutterstock, 12–13 (window scene); Bernard Weil/Getty, 14–15; Ric Jacyno/Shutterstock, 16, 23br; Petr Podrouzek/Shutterstock, 17; miroslav _ 1/iStock, 18–19, 23bl; GODONG/BSIP/SuperStock, 20–21, 23tl; Pixel-Shot/Shutterstock, 24.

Printed in the United States of America at Corporate Graphics in North Mankato, Minnesota.

Tabla de contenido

Transportándonos

¡Viajemos en tren!

Los trenes de pasajeros nos transportan.

¿Adónde podemos ir?

¡A todas partes!

Hay muchos de estos trenes en las ciudades.

Llevan a la gente a su trabajo.

Este tren tiene una locomotora.

Jala vagones.

Nos sentamos dentro de un vagón.

conductora
billete

Una conductora
está trabajando.

Recibe nuestros
billetes de tren.

Algunos trenes viajan por largos caminos.

El viaje es largo.

Hay un camarotes adonde se puede dormir.

camarotes

vagón restaurante

Hay un vagón restaurante.

Aquí comemos.

Algunos trenes transportan turistas.

¡Este pasa por el Gran Cañón!

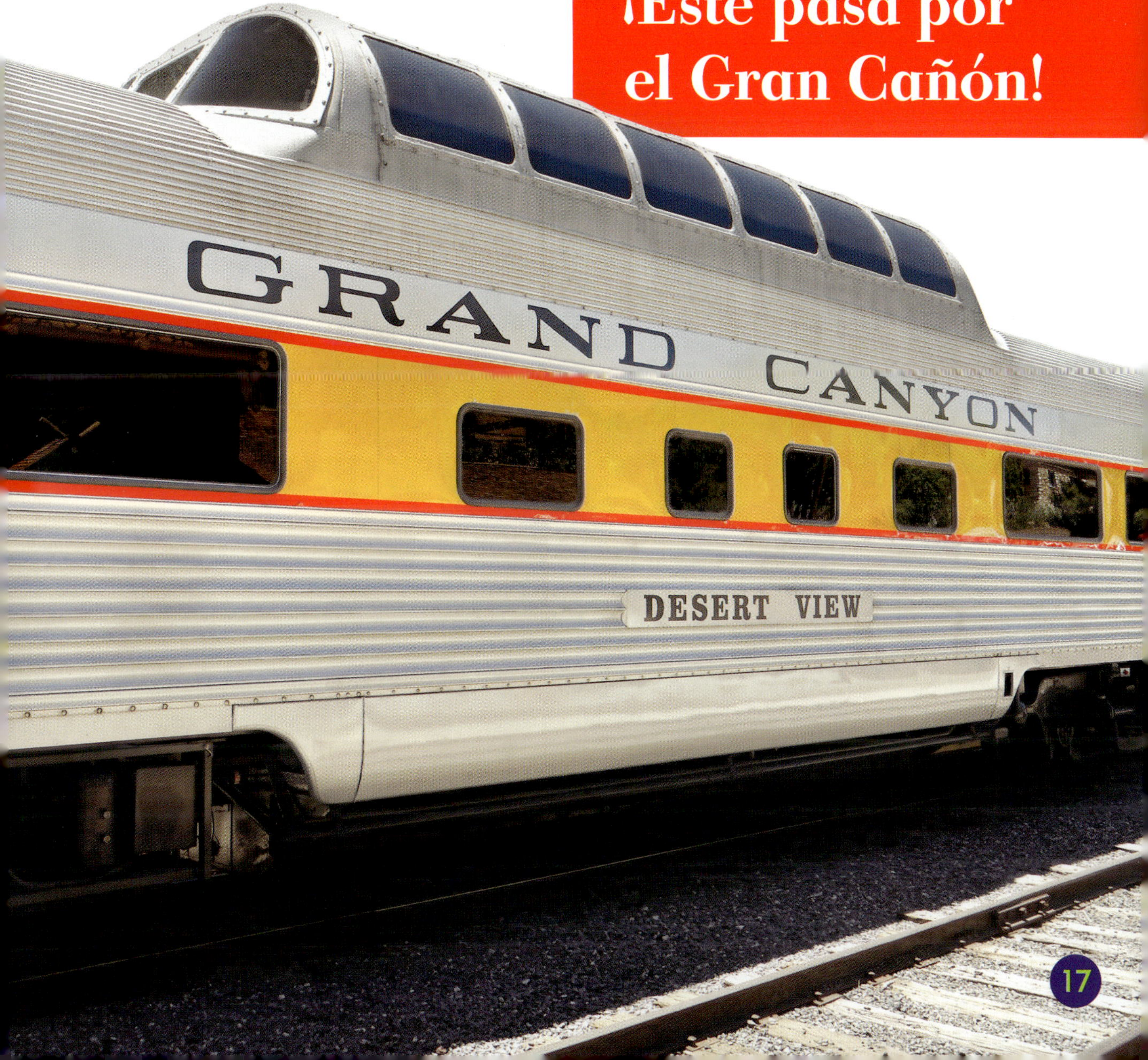

vapor

Algunos tienen una locomotora de vapor.

¡Qué fantástico!

¿Adónde quieres ir?

¡Todos a bordo!

¿En qué parte de Estados Unidos?

¿Dónde puedes viajar en un tren de pasajeros en Estados Unidos? Este mapa muestra dónde viajan los trenes de Amtrak.

● estación principal de la ciudad

– ruta de Amtrak

Glosario de las fotografías

A bordo
Dentro de o entrando a un tren, un barco o una aeronave.

conductora
La persona que recibe los billetes y se asegura de que los pasajeros estén a salvo.

locomotora
Un motor usado para empujar o halar vagones de ferrocarril.

locomotora de vapor
Una locomotora impulsada por un motor a vapor.

pasajero
Alguien, además del conductor, que viaja en un medio de transporte.

turistas
Gente que viaja por placer.

Índice

Para aprender más

Aprender más es tan fácil como 1, 2, 3.

1. Visite www.factsurfer.com
2. Escriba "lostrenesdepasajeros" en la caja de búsqueda.
3. Haga clic en el botón "Surf" para obtener una lista de sitios web.